essentials

essentials liefern aktuelles Wissen in konzentrierter Form. Die Essenz dessen, worauf es als „State-of-the-Art" in der gegenwärtigen Fachdiskussion oder in der Praxis ankommt. *essentials* informieren schnell, unkompliziert und verständlich

- als Einführung in ein aktuelles Thema aus Ihrem Fachgebiet
- als Einstieg in ein für Sie noch unbekanntes Themenfeld
- als Einblick, um zum Thema mitreden zu können

Die Bücher in elektronischer und gedruckter Form bringen das Expertenwissen von Springer-Fachautoren kompakt zur Darstellung. Sie sind besonders für die Nutzung als eBook auf Tablet-PCs, eBook-Readern und Smartphones geeignet. *essentials:* Wissensbausteine aus den Wirtschafts-, Sozial- und Geisteswissenschaften, aus Technik und Naturwissenschaften sowie aus Medizin, Psychologie und Gesundheitsberufen. Von renommierten Autoren aller Springer-Verlagsmarken.

Weitere Bände in der Reihe http://www.springer.com/series/13088

Rainer Gläß

Künstliche Intelligenz im Handel 1 – Überblick

Digitale Komplexität managen und Entscheidungen unterstützen

Rainer Gläß
GK Software SE
Schöneck, Deutschland

ISSN 2197-6708   ISSN 2197-6716   (electronic)
essentials
ISBN 978-3-658-23802-5   ISBN 978-3-658-23803-2   (eBook)
https://doi.org/10.1007/978-3-658-23803-2

Die Deutsche Nationalbibliothek verzeichnet diese Publikation in der Deutschen Nationalbibliografie; detaillierte bibliografische Daten sind im Internet über http://dnb.d-nb.de abrufbar.

Springer Vieweg ist ein Imprint der eingetragenen Gesellschaft Springer Fachmedien Wiesbaden GmbH und ist ein Teil von Springer Nature
Die Anschrift der Gesellschaft ist: Abraham-Lincoln-Str. 46, 65189 Wiesbaden, Germany

Was Sie in diesem *essential* finden können

- Einen verständlich geschriebenen Überblick über die heutigen und zukünftigen Einsatzfelder von KI in den Handelsprozessen, den Nutzen für Konsumenten und Händler aus der Sicht von Entscheidern in Handelsunternehmen.
- Wie Künstliche Intelligenz als selbstlernende Algorithmen mit Schwerpunkt Machine-Learning der nächste Schritt der Digitalisierung und Automatisierung im Handel sein wird und ein Instrument ist, die Dienstleistung Handel attraktiver und effizienter zu machen und Entscheidungen zu unterstützen.
- Einen kurzen Abriss über gesellschaftliche Themen wie Haftung, Verbraucherschutz oder Arbeitsplätze, die für die Einführung von KI betriebsintern bei Mitarbeitern oder Arbeitnehmervertretungen wichtig sind.

Vorwort

Der Einsatz von Künstlicher Intelligenz (KI) wird den Handel erheblich verändern und letztendlich zur Transformation der gesamten Branche führen. Die Digitalisierung und die unter dem Begriff „Handel 4.0" zu subsummierenden Prozesse haben bereits zu einer weiteren Kräfteverschiebung hin zum Konsumenten geführt sowie den Konkurrenzdruck durch neue Kommunikations- und Verkaufskanäle weiter erhöht. Das Ausmaß der Veränderungen von selbstlernenden Systemen im Handel kann noch niemand vorhersagen. Erstaunlich ist die Dynamik, mit der KI-basierte Software auch in den Alltag des Handels Einzug hält und fast täglich neue Anwendungen hinzukommen. KI im Handel erlebt derzeit den Durchbruch. Die Gründe sind der Konkurrenzkampf um Kunden, die neuen Möglichkeiten zur Kundenbindung sowie die Notwendigkeit die komplizierter gewordene Welt des Omni-Channel-Handels leichter steuern zu können. Zu den Treibern gehören globale IT-Konzerne, wie Microsoft, Amazon, Google oder Ali Baba, die mit enormen Investitionen zu Vorreitern des Einsatzes Künstlicher Intelligenz in der Handelsbranche geworden sind. Ungeachtet dessen ist der Handel in Deutschland jedoch nicht von der KI-Welle abgehängt, bevor sie noch richtig begonnen hat. Denn genauso wie für alle Händler weltweit steckt im richtigen Einsatz von KI eine große Chance, die Kunden neu zu begeistern, sie an das eigene Unternehmen zu binden und gleichzeitig die Komplexität der Handelsprozesse zu managen. Dabei gilt es für die Handelsunternehmen, angesichts des harten Wettbewerbs von Anfang an die sich bietenden neuen Möglichkeiten zu nutzen. Diese liegen in neuen Diensten für Kunden und internen Effizienzgewinnen sowie in Entscheidungshilfen auf Basis von datenbasierten Voraussagen.

Ziel dieses Bandes „KI im Handel 1" ist es, einen praxisnahen kompakten Überblick zur Bedeutung, Nutzen, Anwendungen und mögliche Hürden zu bieten. KI wird dabei als Instrument gesehen, die Dienstleistung Handel attraktiver und effizienter und Entscheidungen zu unterstützen. Das Buch soll deshalb eine praxisorientierte Entscheidungshilfe für Verantwortliche in Handelsunternehmen sein, die eine Strategie für den Einsatz von KI entwickeln müssen.

Im ersten Kapitel wird einleitend die Bedeutung von KI für die Handelsbranche thematisiert mit einer Übersicht der aktuellen Anwendungsfelder sowie eine Einschätzung des Potenzials dieser Technologie. Im zweiten Kapitel geht es darum, eine Begriffserklärung zu bieten. Das dritte Kapitel zeigt den Nutzen von KI mit Fokus auf den Konsumenten auf. Im vierten Kapitel werden Anwendungsfelder von KI im Handel vorgestellt, von Kundenmanagement bis Controlling, Im fünften Kapitel des *essentials* werden kursorisch ethische und rechtliche Aspekte des Einsatzes von KI im Handel erörtert, Themen, die für die Projektverantwortlichen in den Unternehmen nicht zu vernachlässigen sind. Zum Abschluss wird ein Ausblick auf die Digital Retail Intelligence gewagt sowie ein zusammenfassendes Fazit gezogen.

Zu dem vorliegenden Band „KI im Handel 1" gibt es einen ergänzenden zweiten Band „KI im Handel 2 – Anwendungen – Effizienz erhöhen und Kunden gewinnen", der dieses *essential* vertieft. Darin enthalten sind die Themen KI in der Bedarfsplanung und im Bestandsmanagement, in der Vorhersage von Nachfrage, in der Lager-Logistik und der gesamten Lieferkette, Preisoptimierung (Dynamic Pricing), KI im voll automatisierten Store sowie und Chatbots in der Kundenkommunikation mit Beispielen von KI-Anwendungen bei Amazon Go, Walmart, OTTO und in der Mode- (Fashion) Branche vor. Am Ende werden Erfolgsbedingungen genannt und konkrete Empfehlungen für zur Umsetzung von KI in Handelsprozessen gegeben.

Hilfreich bei der Erstellung dieser kompakten Übersicht ist die langjährige Erfahrung in der Digitalisierung des Handels. Die GK Software SE, gegründet 1990 in Schöneck/Vogtland, ist heute Marktführer in Europa für Omni-Channel Store-Solutions mit 235 Handelsunternehmen als Kunden in 51 Länder und mehr als 1000 Mitarbeitern an 13 Standorten. KI-basierte Handelslösungen bietet die GK-Gruppe durch das auf KI-spezialisierte Tochterunternehmen prudsys AG an, die KI-basierte Software für personalisierte Produktempfehlungen über alle Kanäle, Digital Signage oder Visual Search entwickelt. Das zweite Erfahrungsfeld ist die KI-basierte dynamische Preisoptimierung, wie z. B. Einzelpreisoptimierung, Abschriftenoptimierung oder intelligentes Couponing. Die Kunden, die selbstlernende Softwaresysteme einsetzen, sind u. a. bonprix, Coop, Douglas, OBI, Thalia oder Würth.

Der Handel weist eine ganze Reihe von Spezifika auf. Aus Sicht der GK Software SE wird die Herausbildung einer darauf angepassten eigenen „Künstliche Handelsintelligenz" (Artificial Retail Intelligence) zu erwarten sein.

Rainer Gläß
CEO
GK Software SE

Danksagung

Das vorliegende Buch spiegelt die intensiven Diskussionen über die KI-Strategie der GK Software Gruppe wider, die mit Know-how-Trägern im Unternehmen, insbesondere von der 2017 übernommenen prudsys AG, mit zahlreichen Einzelhändlern sowie mit externen Experten, die unter anderem auch im Rahmen von Vorträgen auf Fachkonferenzen geführt worden sind. Ohne die Unterstützung zahlreicher Fachleute bei der Zulieferung von themen- und kapitelbezogenen Recherchen, von Beispielen, Fakten, Grafiken, Quellen, dem aktuellen Status der Forschung und Diskussionen in den Medien hätte dieses Buch nicht entstehen können.

Mein besonderer Dank gilt Stephan Boese (GK Software): Begriffe; Oleg Makarov (GK Software): Nutzen von KI für Verbraucher; Martin Pätzug (GK Software): KI in Handelsprozessen; Detlev Spierling (Freier Journalist): Begriffe sowie Dr. René Schiller (GK Software): Lektorat und Norbert Eder (GK Software): Koordination.

Schöneck
Oktober 2018

Rainer Gläß

Inhaltsverzeichnis

Abbildungsverzeichnis

Die Bedeutung von Künstlicher Intelligenz im Handel

1

Die Prozesse im Einzelhandel werden immer stärker durch Künstliche Intelligenz (KI) unterstützt. Damit wird auch der Tatsache Rechnung getragen, dass die Komplexität im Handel deutlich gestiegen ist. Dazu tragen einerseits die massiv gestiegenen Anforderungen seitens der modernen Konsumenten und andererseits die wachsenden Anforderungen des internen Prozessmanagements bei. Die internetaffinen Konsumenten erwarten, den kompletten Einkaufsprozess inklusive Information, Beratung, Auswahl, Kauf, Preis, Rabattierung, Zahlungsart, Lieferung oder Umtausch jederzeit und über jeden „Kanal" erledigen zu können – sei es stationär, am Computer oder auf mobilen Geräten [1]. Die Erwartung, im modernen Massenhandel als Kunde individuell bedient zu werden – egal ob im Laden oder im Online-Shop – stellt die nächste Stufe dar. „Tante Emma digital" bedeutet damit letztendlich einen auf den Verbraucher individuell zugeschnittenen Einkaufsprozess. Individualisierung heißt, dass sowohl die Produkte als auch die Prozesse personenbezogen werden. Und die nächsten Stufen sind schon in Sicht: Mit Homeshopping in der virtuellen Datenbrille oder mit eigenen Währungen wird immer stärker eine neue Welt der Kundenbindung geschaffen [2]. Alle diese Anforderungen aus dem Markt bedeuten für Handelsunternehmen, komplexe Omni-Channel-Konzepte einzuführen, die gleichzeitig beherrschbar und finanzierbar sein müssen.

Schätzungen zufolge generieren die erwachsenen Konsumenten in Deutschland rund 85 Mio. Gigabyte Datenvolumen pro Monat [3]. Dabei sind Daten allein erst einmal wenig wert. Der Händler muss seine Daten analysieren und sinnvoll nutzen können, um daraus unter anderem das Verhalten der Konsumenten antizipieren und vorhersehen zu können. Neben der technischen Kompetenz muss die Erfassung und Auswertung der Daten konform mit den Daten- und Verbraucherschutzrichtlinien erfolgen. Dies kann nur mit Automatisierung gelingen.

© Springer Fachmedien Wiesbaden GmbH, ein Teil von Springer Nature 2018   1
R. Gläß, *Künstliche Intelligenz im Handel 1 – Überblick,* essentials,
https://doi.org/10.1007/978-3-658-23803-2_1

Es ist davon auszugehen, dass sogar die Prüfung auf Datenschutzkonformität zukünftig automatisiert erfolgen kann [4].

Künstliche Intelligenz ist die nächste Stufe der datenbasierten Automatisierung. Ihr Ziel ist es, menschliche Gedankengänge zu imitieren und aus Erfahrung zu lernen. Dadurch sind auch im Handel automatisierte Prozessvorgänge möglich. „KI ist der nächste logische Schritt in der digitalen Transformation", sagt Ralph Appel, Direktor des Verbandes Deutscher Ingenieure (VDI) [5]. Mit dem Einsatz von KI-Systemen tritt die digitale Transformation in eine neue Entwicklungsstufe, denn kognitive Leistungen, wie Auffassungsgabe, Logik, Lernen oder Denk- und Urteilsvermögen, können zum Teil von Algorithmen übernommen werden [6]. Künstliche Intelligenz im Handel wird die Automatisierung beschleunigen [7]. Mit KI werden wirklich umfassende Omni-Channel-Angebote für Verbraucher überhaupt erst möglich. Somit können Händler dank KI mehr Umsatz und Effizienz erzielen.

Status heute

Die Anwendungsfelder von KI im Handel – insbesondere das Teilgebiet Machine Learning – ermöglichen bereits heute eine Vielzahl von Prozessen: zum Beispiel die automatische Preisoptimierung, Vertriebs- und Kundenservice-Vorhersagen, Absatzprognosen mit Einkaufsplanung und Warendisposition, Planung von Werbeaktionen, logistische Vorhersagen, Anzeigen-Segmentierung, digitale Verkaufsassistenten, Einkaufserlebnisse und innovative Dienste, Digital Signage (Beschilderung), Preisoptimierung, Betrugsprävention oder Personaleinsatzplanung (vgl. Abb. 1.1).

Wie immer bei Innovationen gibt es aus dem Lager der Beratungsunternehmen begeisterte Propheten, die einen Paradigmenwechsel sehen. So könnten nach einer Studie von McKinsey 60 % der Prozesse im Handel durch KI automatisiert werden. 45 % aller Retailer wollen laut BRP Consult in den kommenden drei Jahren auf Künstliche Intelligenz setzen [8]. Die Voraussetzungen für den Einsatz von KI sind auf der Seite der Handelsunternehmen ein klares Konzept, ein gewisser Grad der Digitalisierung, gute Datenqualität sowie entsprechende Fachkräfte und Strategiepartner.

Auch wenn solche Studien eher Potenzialbetrachtungen als Prognosen sind, so sind sich Experten weitgehend einig darüber, dass sowohl die Unternehmen insgesamt wie auch die Handelsbranche bei der Ausschöpfung der Potenziale von Künstlicher Intelligenz noch am Anfang stehen. Insgesamt werden heute erst ca. fünf Prozent der Möglichkeiten von KI umgesetzt [9]. Wie der Bitkom in einer eigenen Umfrage ermittelte, geben zwar 49 % der befragten Unternehmen an, dass KI eine große Bedeutung für die künftige globale Wettbewerbsfähigkeit

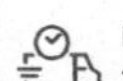

Abb. 1.1 Einsatzfelder von algorithmischen Entscheidungen und KI im Handel. (Quelle: Handel 4.0, Ausgabe 6: „Algorithmische Entscheidungen und Künstliche Intelligenz im Handel", Handelsverband Deutschland – HDE e. V., www.einzelhandel.de/handel40)

deutscher Unternehmen haben wird, aber nur 9 % berichten, dass KI-Anwendungen im eigenen Unternehmen bereits im Einsatz sind oder der Einsatz geplant wird [10].

Für Jörg Rohde von der Lebensmittelzeitung sind neuronale Netze und ausgefeilte Algorithmen für Prognosen und Business Intelligence (BI)-Berichte in der Handelsbranche prinzipiell nichts Neues. Doch die Möglichkeiten von KI wachsen durch die Kombination von kostengünstiger Hardware und maschinellem Lernen mit Datenmassen derzeit rasant. Zudem treibt Amazon den Einsatz von KI in der Branche voran. Auch mit dem Durchbruch von KI und modernen sprachgesteuerten Assistenten, von Amazons Alexa bis zu Apples Siri, wird der Mensch nicht überflüssig. Wichtig ist daher die richtige Mischung von menschlicher Expertise und schneller, KI-gestützter Datenverarbeitung, um für Konsumenten und Handelsunternehmen echte Mehrwerte zu schaffen [11].

Die Verbreitung von KI wird Wirtschaft und Arbeitswelt erheblich verändern, ohne dass schon im Detail absehbar ist, wie und in welchem Ausmaß das geschehen wird, da die konkreten Auswirkungen von selbstlernenden Systemen noch niemand präzise vorhersagen kann. Dabei gehen die Erwartungen an individualisierte Omni-Channel-Konzepte über den Handel hinaus und betreffen auch viele andere Wirtschaftszweige. Denn auch im Maschinen- oder Fahrzeugbau, im Gesundheitswesen oder in der Verwaltung wird dem digitalen individualisierten Dienstleistungsangebot die Zukunft gehören. Handel, E-Commerce und Vertrieb werden zusammenwachsen und mithilfe von KI zur branchenübergreifenden „Digital Retail Intelligence" werden [2].

Begriffsklärung 2

Künstliche Intelligenz beschreibt Informatik-Anwendungen, deren Ziel es ist, ein an menschlichen Lern- und Entscheidungsprozessen orientiertes intelligentes Verhalten zu zeigen. Dafür sind, in unterschiedlichen Anteilen, bestimmte Kernfähigkeiten notwendig: Wahrnehmen, Verstehen, Handeln und Lernen. Diese vier Kernfähigkeiten stellen die größtmögliche Vereinfachung eines Modells der modernen KI dar: Wahrnehmen – Verstehen – Handeln erweitern das bereits seit langem bestehende Grundprinzip aller EDV Systeme: Eingabe – Verarbeitung – Ausgabe. Die wirklich neue mit KI entstehende Dimension ist Lernen und Verstehen [12].

Lernen und Verstehen beinhalten nicht nur die Fähigkeit Entscheidungen zu treffen, sondern auch verallgemeinern zu können, aus vergangenen Ereignissen zu lernen und in der Lage zu sein, Bedeutung im Kontext zu erkennen. Die Bedeutung von Kontext und damit die Herausforderung der KI, die Situation zu erkennen, zeigt folgendes Beispiel: An der Rezeption eines Hotels wird der Gast, der das Hotel verlässt, sich in der Stadt auskennt und mit dem Zug weiter reist, gefragt: „Kennen Sie den Weg zum Bahnhof?" Seine Antwort ist „Ja, Danke". Der gleiche Dialog kann in einem anderen Kontext nicht sinnvoll sein: dieser Gast geht zum Bahnhof und unterwegs wird ihm von einem Passanten, der den Weg zum Bahnhof nicht findet und um Hilfe sucht, die gleiche Frage wie vorhin im Hotel gestellt: „Kennen Sie den Weg zu Bahnhof?" „Ja, Danke", als automatisierte Antwort wäre in diesem Kontext nicht nett [13].

Heutigen „echten" KI-Systemen ist gemein, dass ihre Verarbeitungskomponente auch trainiert werden kann und damit sie darauf basierend lernen können. Auf diese Weise erzielen sie bessere Ergebnisse als herkömmliche Verfahren, die nur auf starren, klar definierten und fest programmierten Regelwerken basieren. Heute spricht man in diesem Zusammenhang von *schwacher KI,* wenn es darum

© Springer Fachmedien Wiesbaden GmbH, ein Teil von Springer Nature 2018
R. Gläß, *Künstliche Intelligenz im Handel 1 – Überblick,* essentials,
https://doi.org/10.1007/978-3-658-23803-2_2

geht, den Menschen intelligent beim Erreichen seiner Ziele zu unterstützen, also um smarte Mensch-Maschine-Interaktion und -Kollaboration. Das Thema *starke KI* ist eher ethisch relevant. Es zielt auf eine Imitation des Menschen ab, letztlich auf einen Homunculus, der eher als Science-Fiction-Vision taugt.

Herkunft der KI

Als die Geburtsstunde von KI als akademischem Fachgebiet gilt die Dartmouth-Konferenz im Sommer 1956. Seit dieser Zeit gab es regelmäßige Hypes, in denen KI als Hoffnungsträger der IT im Speziellen und der Menschheit im Allgemeinen galt. Diese wechselten sich mit Phasen der Desillusionierung ab, den sogenannten „KI-Wintern". Die einzelnen Hype-Phasen (vgl. Abb. 2.1) wurden oft durch technologische Neuerungen befeuert, die dann teilweise jedoch wieder überzogene Erwartungen schürten. Die vier Phasen der KI-Forschung spiegeln sich auch im Einsatz der KI in industriellen und privaten Anwendungsfeldern wider.

Machine Learning, Deep Learning, Neuronale Netze

Beginnend mit Phase 3 in Abb. 2.1 stand das Thema Machine Learning im Zentrum von KI-basierten Anwendungen. Maschinelles Lernen (ML) bezeichnet dabei Verfahren, bei denen Computer-Algorithmen aus Daten lernen, beispielsweise um Muster zu erkennen oder gewünschte Verhaltensweisen zu zeigen, ohne dass jeder Einzelfall explizit programmiert wurde. So lernen Algorithmen im Online-Buchhandel, dass es bestimmte Klassen von Büchern gibt, die von bestimmten Klassen von Kunden gekauft werden, ohne dass irgendwo im Vorfeld

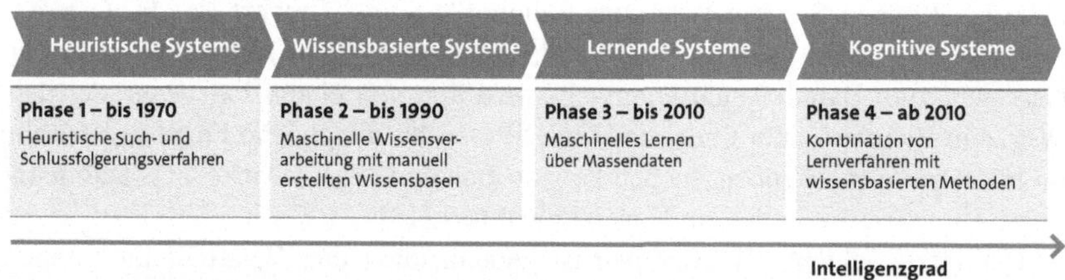

Abb. 2.1 Entwicklungsphasen der Künstlichen Intelligenz. (Quelle: Prof. Dr. Wolfgang Wahlster, DFKI, 2016, in: „Künstliche Intelligenz – Wirtschaftliche Bedeutung, gesellschaftliche Herausforderungen, menschliche Verantwortung", hrsg. Bitkom – Bundesverband Informationswirtschaft, Telekommunikation und neue Medien e. V., Berlin und DFKI – Deutsches Forschungszentrum für Künstliche Intelligenz GmbH, Kaiserslautern 2017, S. 29)

definiert worden wäre, was Liebesromane sind oder was ein junger Familienvater liest. Autonome Fahrzeuge können schlicht dadurch lernen, dass Menschen sie eine Zeitlang steuern. Mit diesem Verfahren wird auch das automatische Katalogisieren (Labeln) von Bildern trainiert. Ausgangspunkt sind bei diesem Beispiel Menschen, die einem initialen Datensatz bestimmte Basisinformationen, zum Beispiel ob ein Gesicht fröhlich oder traurig ist, hinzufügen. Daraus lernt der Algorithmus und kann anschließend neue Bilder selbst klassifizieren. Oft wird Maschinelles Lernen mit KI gleichgesetzt. Es ist jedoch nur ein Werkzeug bzw. Teilgebiet unter vielen im Bereich der KI. Ebenfalls in den Bereich des Machine Learning gehört das Deep Learning, das auf der Technologie der neuronalen Netze basiert und bei dem Lösungen in mehreren aufeinanderfolgenden hierarchischen Schichten gefunden werden. Neben dem Durchbruch des Internets und der damit verbundene Masse an neuen Daten als einer wichtigen Voraussetzung war der wichtigste Schlüssel auf diesem Weg die Erfindung der neuronalen Netze. Sie ermöglichten es erstmalig, dass wir in die Lage versetzt wurden Computersystemen, die Welt so zu zeigen und erklären, wie wir sie selbst wahrnehmen.

Interaktion Mensch-Maschine
Maschinen können bereits heute mit dem Menschen auf einer Ebene kommunizieren, die vor wenigen Jahren noch unvorstellbar erschien. Amazon gibt sehr genaue Produktempfehlungen, Facebook kann automatisch Personen auf Fotos markieren und Google leitet Autofahrer proaktiv um Staus herum. Experten gehen davon aus, dass diese Entwicklung in den nächsten Jahren noch um ein Vielfaches schneller verlaufen wird. KI hat zweifelsohne das Potenzial, der entscheidende Innovationstreiber der nächsten Jahre zu werden. Forrester erwartet für Investitionen in KI-Technologien bereits für dieses Jahr eine Steigerung von 300 % [14]. Denn bereits heute hat KI einen Reifegrad erreicht, der die Effizienz von verschiedenen Geschäftsprozessen deutlich verbessert und im Ergebnis Kosten reduziert sowie die Qualität steigert [15].

Nutzen von Künstlicher Intelligenz im Handel für Verbraucher

3

Die heutige Welt ist vom schnelllebigen technologischen Wandel, von der Globalisierung und der Überflutung der Märkte mit Produkten und Informationen geprägt. Ausgestattet mit der „unendlichen" Wissenssammlung des Internets sind die Verbraucher heute mehr denn je einerseits in der Lage, sich über die Produkte und Unternehmen zu informieren und andererseits gleichzeitig mit dieser Datenflut überfordert. Daraus entspricht die Tatsache, dass sich viele Verbraucher heute bei der Auswahl der Produkte überfordert fühlen und mehr freie Zeit wünschen [16].

Der technologische Fortschritt in den Bereichen Künstliche Intelligenz und Robotik hat begonnen, den Alltag der Konsumenten zu revolutionieren und ihr Kaufverhalten nachhaltig zu beeinflussen. Lassen Sie uns, um das zu illustrieren, die erdachte Familie Mustermann durch ihren Alltag in naher Zukunft begleiten. Die meisten nachfolgend erwähnten Technologien sind bereits heute bzw. voraussichtlich spätestens in den nächsten zwei Jahren verfügbar.

Die Eheleute Mustermann werden morgens von ihrem Lieblingssong durch den Digital Voice Assistant (z. B. Amazon Echo oder Google Home) geweckt. Beim Zähneputzen im Bad merken sie, dass die Zahnpasta fast aufgebraucht ist. Frau Mustermann bestellt sie noch im Bad über die Spracherkennungsfunktion ihres Smart-Spiegels. Der Smart-Spiegel und alle anderen Geräte der Familie Mustermann greifen im Hintergrund auf das gleiche Benutzerprofil, die gemeinsame Bestellhistorie, den Familienkalender und das Adressbuch zu.

Die Künstliche Intelligenz analysiert im Hintergrund die vergangenen wiederkehrenden Bestellungen der Drogerie-Artikel der Familie Mustermann und ermittelt, dass auch das Duschgel und das Waschpulver bald zur Neige gehen könnten. Daraus wird ein Bestellvorschlag generiert und der Assistent im Smart-Spiegel fragt Frau Mustermann, ob diese Artikel mitbestellt werden sollen, um die

© Springer Fachmedien Wiesbaden GmbH, ein Teil von Springer Nature 2018
R. Gläß, *Künstliche Intelligenz im Handel 1 – Überblick*, essentials,
https://doi.org/10.1007/978-3-658-23803-2_3

Versandkosten zu sparen. Auf das Duschgel im 3er-Pack gibt es außerdem gerade einen Sonder-Rabatt. Frau Mustermann freut sich über den Vorschlag und antwortet, dass sie diese Artikel mitbestellen möchte.

Frau Mustermann fällt ein, dass sie gestern einen Friseurtermin vereinbaren wollte. Sie bittet den Assistenten, einen Termin bei Maria im Haarstudio Goldhaar nächste Woche werktags zwischen 17 und 19 Uhr zu vereinbaren. Der persönliche Assistent sucht den passenden Eintrag aus der Kontaktliste aus und fragt, ob er die Anfrage richtig verstanden hat. Frau Mustermann bestätigt das. Der Assistent ruft per Telefon den Friseursalon an, redet mit dem Mitarbeiter, vereinbart den Termin, erstellt einen Termineintrag im Kalender von Frau Mustermann und schickt ihr eine Push-Benachrichtigung auf ihr Smartphone, dass der Termin vereinbart ist [17].

Frau Mustermann lässt sich gleich ihre Termine für heute und den Wetterbericht im Smart-Spiegel anzeigen. Jetzt weiß sie, was sie heute anziehen will.

Die Familie trifft sich in der Küche. Beim Blick in den Kühlschrank merken die Familienmitglieder, dass die Milch bald ausgehen wird. Über den Digital Voice Assistent in der Küche erledigen sie die Bestellung der Lebensmittel. Da sie die Lebensmittel heute brauchen, wollen sie die Bestellung abends auf dem Weg von Arbeit abholen. Deswegen rufen sie die Click & Collect-Bestellfunktion ihres favorisierten Supermarktes auf. Der Assistent macht ihnen wieder Bestellvorschläge auf Basis der Bestellhistorie. Außerdem fragt er, ob sie besondere Gerichte am Wochenende kochen wollen. Ausgehend von den hinterlegten Rezepten macht er weitere Bestellvorschläge. Da die Bestellung umfangreich geworden ist, lässt sich die Familie die Preview vor dem Abschicken der Bestellung auf dem Smart TV in der Küche anzeigen. Die Bestellung ist fertig und wird abends zur Abholung bereit stehen. Frau Mustermann hat morgens nebenbei viele Dinge erledigt, für die sie ohne den Einsatz des persönlichen Assistenten in der Vergangenheit mindestens eine zusätzliche Stunde gebraucht hätte. Diese Zeit kann sie jetzt mit der Familie verbringen. Sie ist sehr zufrieden und geht energiegeladen in den Tag.

Herr und Frau Mustermann setzen sich in ihre autonom fahrenden Autos und sagen, wohin das Auto sie bringen soll. Für den Weg zur Arbeit brauchen sie je ca. eine Stunde, sie wollen diese Zeit nutzen und sich den Design-Vorschlag für ihre neue Küche anschauen. Jedes Auto ist mit einem schnellen Internet-Zugang ausgestattet. Sie setzen sich Virtual-Reality-Brillen auf und treffen sich in ihrem individuellen virtuellen Präsentationsraum, in dem sie ihre neue Küche anschauen können. Im virtuellen Raum diskutieren sie über den Vorschlag des Küchenstudios. Er ist nahezu perfekt und sie rufen direkt aus dem virtuellen Raum den Berater im Küchenstudio an und geben ihre Änderungsvorschläge durch.

Der Berater sagt, er kann die Änderungen im Laufe des Tages einarbeiten. Frau und Herr Mustermann entscheiden sich, den neuen Entwurf morgen wieder auf dem Weg zur Arbeit anzuschauen [18].

Auf dem Rückweg nach Hause, lässt sich Herr Mustermann zum Baumarkt fahren, weil er sich vor dem Kauf über die verschiedenen Modelle einer Stichsäge beraten lassen möchte. Am Eingang des Baumarkts wird er von einem Roboter begrüßt. Er fragt den Roboter, wo er Stichsägen finden kann und sagt ihm, dass er eine Beratung benötigt. Der Roboter führt Herrn Mustermann in den passenden Bereich und schickt parallel eine Nachricht an die Smartphones aller Mitarbeiter der Abteilung, dass ein Kunde Beratung benötigt. Ein Mitarbeiter ist gerade frei, bestätigt die Anfrage und wartet auf Herrn Mustermann am Beratungstresen. Nach der Beratung entscheidet sich Herr Mustermann für ein Stichsägen-Model. Er ist zufrieden, dass der Einkauf so schnell erledigt werden konnte und er nicht in dem großen Baumarkt lange nach der gewünschten Ware und nach einem freien Mitarbeiter suchen musste [19].

Der Fortschritt der KI-Technologie, die Entwicklung neuer Formen der Unterhaltungselektronik sowie die Verbreitung des allgegenwärtigen Internets bringen die Händler so nah wie nie an die Konsumenten. Obwohl die dargestellten Beispiele heute noch etwas futuristisch erscheinen mögen, verdeutlicht es die Veränderungen im Einkaufsverhalten der Kunden, die sich durch neue Technologien ergeben werden. Die meisten genannten Technologien sind entweder jetzt oder in den nächsten zwei Jahren verfügbar. Lediglich das autonome Fahren soll nach verschiedenen Voraussagen erst in sieben bis zwölf Jahren eine stärkere Verbreitung erfahren [20].

Welchen Nutzen bringt Künstliche Intelligenz für die Verbraucher?
Der permanente, schnelle Zugriff auf das Internet und auf digitale Assistenten begleitet die Konsumenten durch den gesamten Alltag. Damit sind sie in der Lage zu jedem Zeitpunkt und an jedem Ort einzukaufen und unterschiedlichste Services zu nutzen. Künstliche Intelligenz wird es ermöglichen, Routinetätigkeiten und Routinebestellungen im Alltag zu automatisieren. Gleichzeitig kann die benötigte Zeit zum Erledigen der Einkäufe verkürzt werden. Dadurch steht mehr Freizeit zur Verfügung.

Die Grenzen zwischen den Einkaufskanälen werden weiter verschwimmen. Der Einkauf wird in dem Kanal getätigt, der am besten zur aktuellen Situation des Verbrauchers passt und in dem die erforderliche Warenpräsentation optimal gelingt. Routinebestellungen werden in direkter Sprachinteraktion mithilfe persönlicher Assistenten erledigt. Sobald mehr Informationen über ein Produkt oder eine Dienstleistung erforderlich sind, werden Kanäle mit visueller

Warenpräsentation in den Vordergrund rücken, wie etwa Online-Stores oder virtuelle Verkaufsräume. Die stationäre Filiale wird bei beratungsintensiven Produkten aufgesucht, bzw. wenn der Kunde vorher die Waren in den Händen halten und genau anschauen will. Auch wenn die Kunden ein Einkaufs-Erlebnis suchen und es mit anderen Freizeit-Aktivitäten, wie Gastronomie, Kino oder Stadtbummel verbinden wollen, wird der klassische Einkaufsladen unersetzbar bleiben.

Es ist davon auszugehen, dass die neuen Technologien den Kunden zahlreiche Dienste, wie schnellerer, orts- und zeitunabhängiger Einkauf, verkürzte Warte- und Versandzeiten, bessere Produktverfügbarkeit oder günstigere Preisen bieten werden. Daneben wird die Individualisierung der Angebote immer stärker im Mittelpunkt stehen.

Welche Nutzen entstehen für die Händler?
Vordergründig sind hier die neuen Verkaufskanäle (Sprachassistenten, neue Touchpoints auf den Smart-Home-Geräten) und neue Service-Angebote für die Kunden zu nennen. Diejenigen Händler, die hier die Vorreiter-Rolle übernehmen können, werden die Umsätze aus diesen Kanälen in ihrer Bilanz verbuchen und ihre langfristige Wettbewerbsfähigkeit sichern. Auf die Kosten- und Margenvorteile aufgrund von Effizienzsteigerung und Automatisierung der Betriebsprozesse gehen wir in den nächsten Kapiteln ein. In Band 2 „KI im Handel – Anwendungen" ist konkret beschrieben, wie Handelsunternehmen KI bei der Bedarfsplanung, Lagerhaltung, in der Logistik, bei der dynamischen Preisfindung, bei Lagerräumung oder in der Kundenkommunikation mit Chatbots einsetzen können.

Künstliche Intelligenz in den Handelsprozessen 4

Wesentliche Alleinstellungsmerkmale im Handel sind nicht mehr Sortiment und Preis, sondern der Kundenservice und das Einkaufserlebnis. Damit kann Kundenbindung erreicht werden: der „Wiederholungskunde" ist zu einer wesentlichen Ressource geworden. Aber diese individuellen Angebote müssen nahtlos zusammenpassen und müssen deshalb im Kontext der Abläufe im Unternehmen und in Bezug zum Kunden betrachtet werden. Im Marktraum Deutschland, Österreich, Schweiz (DACH) ist der Handel typischerweise sehr prozessorientiert [21].

Im US-amerikanischen Markt stehen dieser Betrachtung oft die Standardprozesse der verschiedenen Software-Anbieter gegenüber, die dann punktuell aufgeladen werden.

Auf der Suche nach interessanten Einsatzgebieten für KI-Systeme im Handel lohnt daher ein Blick auf die Prozess-Landkarte. Folgende Hauptprozesse sind dabei immer wieder anzutreffen:

- Kundenmanagement
- Warenstrom
- Retoure
- Beschaffung
- Intralogistik
- Controlling

Die Prozesse in den Bereichen Finanzen und Personalarbeit, insbesondere Personalsuche (Recruiting), sind an dieser Stelle ausgeklammert.

© Springer Fachmedien Wiesbaden GmbH, ein Teil von Springer Nature 2018   13
R. Gläß, *Künstliche Intelligenz im Handel 1 – Überblick*, essentials,
https://doi.org/10.1007/978-3-658-23803-2_4

Kundenmanagement

Das Kundenmanagement ist in modernen Handelsunternehmen durch den Omni-Channel-Vertrieb geprägt.

Der Kunde wechselt in seinem Entscheidungsfindungsprozess zwischen den Absatzkanälen (vgl. Abb. 4.1). Die Absatzkanäle gliedern sich dabei stetig feiner, die einzelnen Schritte entlang der Verkaufskette zerfallen in Teilschritte. Für die Betrachtung nach potenziellem Nutzen bietet sich durch diese Detaillierung ein umfangreiches Potenzial an Interaktionspunkten mit dem Kunden (vgl. Abb. 4.1). An jedem dieser Punkte kann durch eine gut platzierte KI zusätzlicher Umsatz durch gezielte und individuelle Werbung bis hin zur individuellen Produktempfehlung generiert werden. Hierbei setzt die neue Datenschutzgrundverordnung (DSGVO) klare Grenzen bei der Verarbeitung von personalisierten Kundendaten. Selbst ein regelkonformes Vorgehen des Händlers dürfte ob der wachsenden Komplexität der Interaktion schnell nicht mehr vernünftig erklärbar sein. Hier aber bietet die KI auch alternative vorteilhafte Methoden an, die eben gerade nicht personalisierte Daten voraussetzt, sondern vollständig anonymisierte Daten verarbeitet und ebenso sehr hohe Konversionsraten gewährleistet.

Gerade die Prozesse im Kundenumfeld haben das Potenzial, auch in einem harten Verdrängungsmarkt verblüffende Umsatzsteigerungen zu erreichen. Es ist nicht notwendig, den gesamten Interaktionsprozess mit dem Kunden durch KI-Methoden aufzuwerten. Ganz im Gegenteil: Methoden der KI entfalten ihre Stärke umso mehr, je spezifischer die Aufgabenstellung ist. Auch die Datengrundlage ist durch die hohe Spezialisierung jeweils nicht die gleiche. Es ist ein absolut richtiges Vorgehen, das Umsatzpotenzial der verschiedenen Touchpoints getrennt zu bewerten und nur bzw. zuerst die aussichtsreichen zu realisieren.

Warenstrom

Der Warenstrom bietet wenig Potenzial für Umsatzsteigerungen, dafür umso mehr für Kostensenkungen. Selbstredend sind die Prozesse um den Warenstrom seit jeher Gegenstand von Kostenoptimierungen. Sie sind daher meist bereits hoch effizient, Dienstleister arbeiten oft an der Grenze der wirtschaftlichen Erträglichkeit. Bei großen Sortimenten und umfangreichen Vorräten ist es jedoch für Beschaffung und Logistik vernünftigerweise nicht mehr möglich, einzelne Artikel oder einzelne Lieferlose separat zu betrachten. Parameter für beispielsweise Warenprüfung, Priorisierung oder Intralogistik werden für Warengruppen getroffen und diese Entscheidungen werden nur in größeren Abständen revidiert.

Hier kann die Stärke von Methoden der KI genutzt werden, um kleinteilige aber komplexe Entscheidungen sehr schnell und damit auch sehr häufig treffen

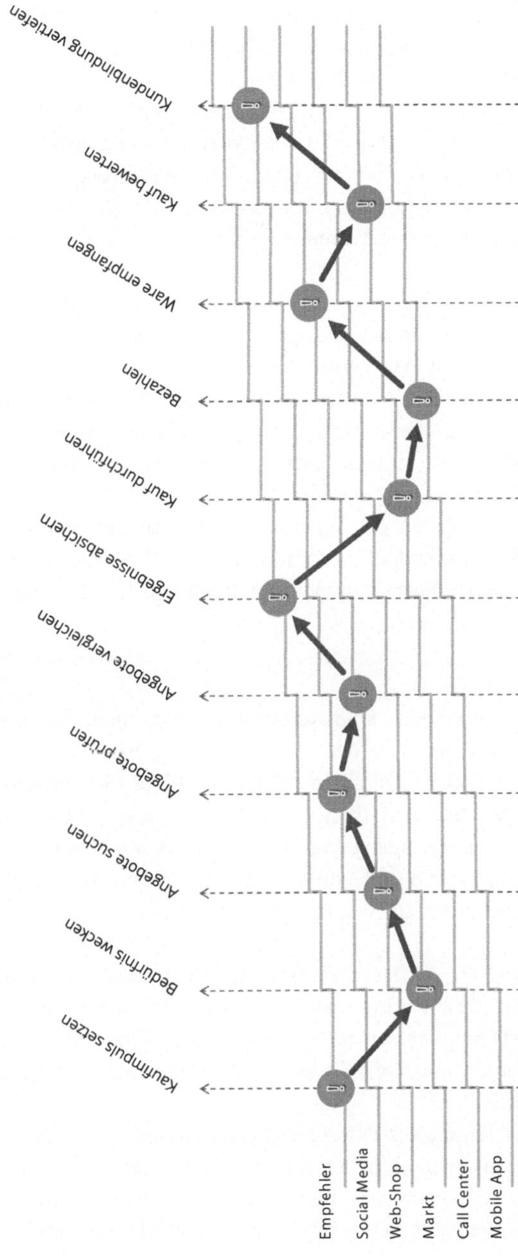

Abb. 4.1 Kanalübergreifende Interaktion mit dem Kunden im Verkaufsprozess. (Quelle: Martin Pätzug, GK Software 2018)

zu können. Durch permanent selbstlernende Systeme werden die Entscheidungen immer auf Grundlage des aktuellsten Lagebilds getroffen.

So können beispielsweise KI-Methoden die Losgrößenbestimmung in der Warenprüfung unabhängig von starren Normen minimieren. Prüflabore werden entlastet oder im Umkehrschluss in einer optimalen Auslastung geführt. Auf Mängel, Reklamationen oder Veränderungen der Retourenquote wird augenblicklich reagiert. Mittels Methoden der KI wird die Relevanz von solchen Veränderungen auf vergleichbare Waren abgeschätzt und auch für diese die Parameter verändert.

Für die Steuerung des Warenstroms sind Prognosen an vielen Stellen von Bedeutung. Das sind vor allem kurzfristige Abschätzungen. Klassische Verfahren stützen sich hierbei oft auf Auswertungen der nahen Vergangenheit und projizieren die Ergebnisse in die Zukunft. KI-Methoden arbeiten hier grundsätzlich anders. Auch sie nutzen teilweise aktuelle und historische Daten. Allerdings nutzen sie weit mehr Daten als einfache Projektionen und können dadurch tatsächlich eine treffgenaue Vorhersage generieren.

An allen Stellen, an denen der Warenstrom die Kundeninteraktion tangiert, sind natürlich ebenfalls individuelle Promotions und Empfehlungen möglich und sinnvoll. Beispielsweise in Form von individuell auf den Kunden zugeschnittenen Paketbeilegern in der Packerei.

Retoure

Abhängig vom Geschäftsmodell sind Retouren für Unternehmen entweder nicht relevant oder ein wichtiger Teil des Warenbestands. Retouren sind zudem – unabhängig von gesetzlichen Vorgaben oder freiwilliger Gewährleistung – eine Einladung für Kunden und Mitarbeiter, die Grenzen der Legalität auszuloten. Ähnlich wie in der Wareneingangskontrolle sind KI-Methoden hierbei in der Lage, auch sehr komplizierte und unübersichtliche Muster im Kundenverhalten zu erkennen und Ressourcen zur Betrugsvermeidung gezielt auf verdächtige Vorgänge hinzulenken.

Bei der Bewertung der Wiederverkaufschancen von retournierter Ware ist eine zutreffende Prognose über den kurzfristigen Abverkauf eine wesentliche Grundlage. Auf dieser Basis kann entschieden werden, ob und mit welcher Priorität die Ware aufbereitet werden muss und in welche Lagerbereiche sie bis zum Abverkauf eingelagert wird.

Methoden der KI lernen aus extrem großen Datenmengen, finden dort Muster, erkennen diese Muster in aktuellen Situationen wieder und können auf dieser Grundlage sehr präzise Vorhersagen treffen. Der Wiederabverkauf von Retouren ist ein sehr hochfrequenter Prozess, der durch seine Kleinteiligkeit, seine kurzfristigen Reichweiten und durch seine hohe Volumenlast ideale Randbedingungen für maschinelles Lernen bietet.

Einkauf und Beschaffung

Der Handel ist einkaufsgetrieben. Im Prozess der Beschaffung werden über große Zeiträume immer weiter verfeinerte Planungsunterlagen erstellt. Während sehr große Planungszeiträume eher durch betriebliche Ressourcen und liquide Mittel determiniert sind, sind kurzfristige Planungsprozesse wie Nachschubsteuerung, Preissenkungen, Abverkäufe und Auslistungen eine passende Domäne für Entscheidungsunterstützung durch KI. Durch eine bessere Planung können die zur Verfügung stehenden Mittel und Ressourcen optimal genutzt werden und im Ergebnis indirekt den Umsatz steigern.

Im Markt können die richtigen Artikel zur richtigen Zeit in der richtigen Region mit einem ausreichend großen Angebotsdruck präsentiert werden. Im E-Commerce kann auf die genauer prognostizierte Nachfrage ohne Lieferausfälle reagiert werden. Dadurch steigen die Kundenzufriedenheit und damit das Nachfolgegeschäft.

Auch unter dem Gesichtspunkt der Kostenvermeidung können KI-Ansätze betrachtet werden. Teure Ressourcen werden nicht mit Ladenhütern belastet, die am Ende weggeworfen werden müssen. KI kann hierbei sehr kleinteilige und differenzierte Entscheidungen treffen. Und es ist möglich, solche Entscheidungen auf assoziierte Artikel auszudehnen: Wenn ich mehr rote Regenschirme erwarte, brauche ich weniger Speiseeis in der Geschmacksrichtung Waldmeister. Wenn ich einen Abverkauf für Erdbeeren vorschlage, muss ich auch Tortenböden und Sahne bevorraten.

Controlling

Controlling ist weniger ein eigener Prozess, sondern vielmehr die Summe an Mitteln, um die Funktionstüchtigkeit der installierten Prozesse abzusichern und im besten Fall schnell auf Störungen reagieren zu können. Ein wesentlicher Teil des Controllings ist die Überwachung von Verlusten und Betrugsvorfällen. Nun sind der ungehinderte Zugriff auf Waren im Verkaufsregal und die kulante Rücknahme von Käufen Teil des modernen Kundenservice und die damit verbunden kalkulierbaren Risiken im Grunde ein Teil des Geschäftsmodells. Künstliche Intelligenz kann das Aufkommen an Betrugsvorfällen nicht signifikant reduzieren. Dafür müsste das Geschäftsmodell geändert werden. KI kann aber die vorhandenen Geschäftsmodelle unterstützen und effizienter gestalten.

KI-Methoden können hier in zwei unterschiedlichen Bereichen eingesetzt werden.

Zum einen sind KI-Methoden in der Lage, riesige Datenmengen sehr effektiv zu verarbeiten. Diese Methoden können das Normalverhalten von Parametern im Kontext der Betriebsabläufe lernen und bei Abweichungen alarmieren. Die dabei festgelegten Schranken sind eine generelle Schwäche, sodass der Vorteil von KI-Methoden gegenüber beispielsweise Gleitenden Durchschnitten (ein rein statistisches Verfahren) schnell schwinden kann.

Zum anderen können KI-Methoden an Hand von entdeckten Betrugsvorfällen Muster erlernen und diese dann selbstständig suchen und erkennen. Auch hier können KI-Methoden – ähnlich wie im Wareneingang – die für die Betrugsbekämpfung bereitstehenden Ressourcen effektiver steuern und auslasten.

Disruptive Ansätze

Während sich die bisherige Betrachtung bereits vorhandenen Prozessen zugewendet hat, darf eine andere Perspektive nicht vergessen werden. In vielen fachlichen Planungsprozessen werden Varianten und denkbare Prozesse abgegrenzt, allein weil die Menge an Fakten und Details für die fachlichen Entscheider nicht zu beherrschen ist. Es werden pauschale Ansätze gewählt oder Entscheidungszyklen gedehnt, um überhaupt zu abgestimmten Entscheidungen zu gelangen. Künstliche Intelligenz spielt genau in diesen Belangen seine Stärken aus. Immense Datenmengen in kurzen Zyklen zu verarbeiten, unmittelbar auf Änderungen und Abweichungen reagieren, sich permanent reflektieren und verbessern: Das sind die Vorteile der Methoden der KI.

Es ist daher absolut notwendig, bei der Planung neuer Geschäftsprozesse oder Geschäftsmodelle solche Unterstützungswerkzeuge einzuplanen. KI-Verfahren stehen heute einer immer breiter werdenden Gruppe an Unternehmern und Gründern zur Verfügung, welche ihre Geschäftsmodelle mehr und mehr offensiv darauf ausrichten. Diesem Trend aus dem Wege zu gehen, wird sich deshalb für etablierte Handelsunternehmen bereits mittelfristig als strategischer Nachteil herausstellen.

Gesellschaftspolitische und rechtliche Aspekte 5

5.1 Arbeitswelt

Der Einsatz von Technologie zur Automatisierung wirft immer die Frage nach den Auswirkungen auf die Beschäftigung auf. Im Zusammenhang mit Künstlicher Intelligenz wird diese Diskussion noch sehr viel intensiver geführt, weil KI die bisherige Rollenverteilung zwischen Computer und Mensch weiter verändern wird. Bisher übernahm die Informationstechnologie die Rechnerarbeit und die Menschen trafen die intelligenten Entscheidungen. Durch KI wird diese Arbeitsteilung aufgeweicht und sofort stellt sich die Frage, wann die Mitarbeiter durch Algorithmen ersetzt werden [22]?

Für den Handel ist die Diskussion besonders relevant, da diese arbeitsintensive Branche von vergleichsweise vielen Routinetätigkeiten geprägt ist. Große Handelsunternehmen haben zudem Betriebs- und Personalvertretungen. Die Einführung von KI-basierten Verfahren kann daher nur im Einklang mit der Belegschaft und dem Betriebsrat erfolgen.

In die Schlagzeilen geriet der Online-Händler Zalando, als er im Jahr 2018 rund 250 Stellen im Marketing abbaute [23]. Das Versenden vom Werbe-E-Mails werde zukünftig überwiegend von Algorithmen und KI übernommen. Skeptiker befürchten, dies sei nur der Anfang einer Welle. Braucht das voll automatisierte digitale Lager einen Lageristen oder einen Gabelstaplerfahrer? Wahrscheinlich nicht. Ersetzt der Software-Programmierer, der die Algorithmen anpasst oder mit Leistungsindikatoren (KPI – key performance indicator) „füttert", den Einkäufer und Warenorderer? Wahrscheinlich ja.

Dagegen sehen die Optimisten viele neue Stellen entstehen. Cap Gemini befragte im Jahr 2017 Unternehmen, die bereits KI einsetzen. Das Ergebnis: von den weltweit 1000 befragten Unternehmen sagten 71 %, dass durch KI neue

© Springer Fachmedien Wiesbaden GmbH, ein Teil von Springer Nature 2018
R. Gläß, *Künstliche Intelligenz im Handel 1 – Überblick*, essentials,
https://doi.org/10.1007/978-3-658-23803-2_5

Aufgaben und neue Jobs entstanden seien [24]. Auch Zalando plant ab dem Jahr 2018 2000 neue Stellen zu schaffen: in der Logistik und bei allen datengetriebenen Geschäften [23]. Bleibt die Frage nach der strukturellen Beschäftigungsveränderung. Wird die Stelle eines Lageristen durch die Position eines Data Scientist ersetzt, so sind diese nicht dieselben Personen.

Nach Ansicht der Autoren eines 2017 erschienen Buches über die „Plattformökonomie" sei die Angst vor einer KI-bedingter Arbeitslosigkeit unbegründet. Mit KI werden Menschen nicht überflüssig, allerdings ändern sich Arbeitsinhalte und Rollen im Arbeitsleben [25]. KI kann vor allem redundante Aufgaben automatisieren. Menschliches Potenzial würde durch Technologie gefördert, nicht beschnitten oder gar ersetzt werden [26]. Im Handel kann man sich vorstellen, dass Mitarbeiter künftig interessanteren Tätigkeiten nachgehen als zum Beispiel manuell Waren nachzubestellen. Dies kann im Einzelfall sicher möglich sein, wird aber nicht generell gelten können.

Für den Handel ist der permanente Wandel jedoch nicht neu, denn die Branche ist technologie- und marktbedingt seit Jahrzehnten heftigen Veränderungen ausgesetzt. Die Entwicklung hin zur Selbstbediendung seit den 1960er Jahren hat Tätigkeitsprofile im Handel ebenso verändert wie die Einführung von Barcodescannern oder von ERP-Software für Lagerhaltung. Der durch die digitale Transformation induzierte und noch verstärkte Kulturwandel der Branche erforderte von den Mitarbeiter(innen) in den Unternehmen schon lange mentale Veränderungen, die mit vielen Weiterbildungsprogrammen und einer aktiven Personalarbeit von den Unternehmen gefördert werden müssen. Der Bedarf hierfür wird durch die KI noch zunehmen.

5.2   Verbraucherschutz und Haftung

Ist es denkbar, dass im Supermarkt das Mobiltelefon eines Konsumenten mit dem digitalisierten Regal Preisverhandlungen führt und zu einem Abschluss kommt? Ja, das wird in naher Zukunft möglich sein. Auf Basis von Künstlicher Intelligenz können Objekte dann im „Internet der Dinge" – Internet of Things (IoT) – untereinander rechtskräftige Verträge (Smart Contracts) aushandeln. Heute schon bereiten Algorithmen Daten für eine Entscheidungsvorlage vor und der Übergang zur Entscheidung selbst ist fließend. Bonitätsprüfungen von Kunden für Konsumentenkredite oder Abschlüsse von Mobilfunkverträgen hängen von den Ergebnissen KI-basierte Datenanalysen ab. Wenn KI-basierte Datenanalysen Stellenbewerbungen automatisiert aussondern und Absagen schreiben, dann entscheiden die Algorithmen auch über Zukunftschancen von Menschen.

Je mehr Entscheidungen an „intelligente" Software delegiert werden, desto mehr stellt sich die Frage der Verantwortung. Je mehr Maschinen die Produktion und Lieferung selbstständig steuern, desto mehr wächst die Bedeutung an Verfügbarkeit und Zuverlässigkeit der IT-Systeme. Der Bedeutungszuwachs der IT geht mit der Zunahme der Verantwortung einher. Spezielle KI-Risiken werden in den Bereichen Software-Verfügbarkeit, Sicherheit, Verantwortlichkeit, Haftung und Ethik gesehen [27]. Verbraucherschützer sehen bei automatisierten, personenbezogenen Entscheidungen die Gefahr der Diskriminierung [28].

So stellt sich grundsätzlich die Fragen, sind selbstlernende Algorithmen und deren Ergebnisse wertneutral und vorurteilsfrei? Die Antwort ist nein. Angenommen, über einen Jugendlichen kursieren Gerüchte über Schulden und Zahlungsunfähigkeit in den sozialen Medien. Diese Ansammlung von Daten wird von automatisierten Analysen gefunden, bewertet und im Ergebnis wird ein Konsumentenkredit abgelehnt. Wer prüft hier die Daten auf Richtigkeit, wer nimmt eine qualitative und quellenkritische Bewertung, Unterscheidung und Einordnung von Annahmen, Gerüchten und Fakten vor? Angenommen, ein Algorithmus soll Ladendiebstähle voraussagen und das lernende System arbeitet mit Daten, in denen unverhältnismäßig viele Diebstähle von Ausländern begannen wurden. Dann kann KI zu möglicherweise diskriminierenden Voraussagen führen.

Ein Beispiel ist die sogenannte „Gorilla-Panne" von Google im Jahr 2015. Ein KI-Bilderkennungs-Algorithmus hatte schwarze Menschen als Gorillas kategorisiert. Ursache war, dass versäumt wurde, dem Bildprogramm auch Fotos mit schwarzen Menschen als Lern- und Entscheidungsgrundlage zu geben [29]. Auch einer der ersten tödlichen Tesla-Unfälle soll dadurch passiert sein, dass das System einen quer fahrenden hellblauen Lastwagen irrtümlich als Himmel, also Horizont, kategorisiert hatte [30].

Formeln sind so neutral oder voreingenommen, wie man sie „füttert" oder „trainiert". Es hängt von den Daten ab [29]. Maschinelles Lernen bedeutet eben, dass sich das System ändert, weil es lernt. Die Mustererkennung ist nur so gut, wie das zugrunde liegende Datenmodell und -Material. Aber nicht nur das Füttern mit der richtigen Daten ist nicht wertfrei, sondern auch der Algorithmus selbst. Gerade bei Big-Data-Analysen, die nicht auf einem hinreichend fundierten theoretischen Modell basieren, besteht die Gefahr von Scheinkorrelationen, die nicht erkennbar sind [31].

Politische Diskussion und Handlungsempfehlungen
Je deutlicher die Entscheidungsfindung durch KI beeinflusst wird, desto lauter wird auch der Ruf nach deren Regulierung. In der Politik werden ein digitales Antidiskriminierungsgesetz oder ein „Algorithmen-TÜV" diskutiert [28].

Um automatisch gefällte Entscheidungen nachvollziehen und gegebenenfalls auch korrigieren zu können, geht es dabei vor allem um die Transparenz der Algorithmen. Die Offenlegung von Algorithmen wird seitens der Entwickler und Anbieter bisher jedoch abgelehnt, da diese ein wertvolles geistiges Eigentum sind – so die Begründung.

Einen rechtlichen Rahmen für Algorithmen gibt es heute schon. So dürfen in Deutschland personenbezogenen Daten des Kunden nur erhoben, verarbeitet und verwendet werden, wenn ein gesetzlicher Erlaubnistatbestand oder eine Einwilligung des Kunden vorliegt [28]. Wesentlich erweitert werden die Regulierungen durch die Datenschutzgrundverordnung (DSGVO). Auch im Interesse der Sicherheit und Beherrschbarkeit und Weiterentwickelbarkeit der Technologie ist Unternehmen zu empfehlen, KI-basierte Ergebnisse so transparent darzustellen, dass nachvollziehbar ist, wie das System die Entscheidung berechnet hat. Das muss nicht öffentlich passieren, aber der Anbieter von KI-basierter Software oder der Anwender sollte intern die Ergebnisfindung herleiten können. Zudem sollten Mechanismen eingebaut werden, um eine falsche bzw. fehlerhafte Mustererkennung zu vermeiden. Dazu gibt es Verifikationsmethoden und Software, die automatisiert protokolliert [30].

Haftungsfragen

Wer haftet, wenn Codes sich eines Tages selbst schreiben werden? Liegt die Produkthaftung des KI-Systems beim Eigentümer? Wem gehört das KI-System und wer besitzt das geistige Eigentum (Intellectual Property, IP) der selbstlernenden Systeme?

Was die Frage der Haftung betrifft, so könnten KI-Agenten zwar künftig dem Menschen viele Entscheidungen abnehmen, dafür aber rechtlich nicht zur Verantwortung gezogen werden. In der Regel haftet der Hersteller oder Software-Programmierer von KI-Agenten für Fehler, die bei Nutzern Schäden verursachen. Für auf KI-basierende Entscheidungen, die sich nicht direkt auf das Design oder die Herstellung zurückführen lassen, die aber von einem KI-Agenten getroffen werden, könnte nach aktuell geltendem Recht allerdings niemand explizit haftbar gemacht werden [27]. Mögliche Haftungsklagen richten sich an die Eigentümer der Maschine, also der Besitzer der Software, an die Programmierer oder an Haftpflichtversicherungen der Beteiligten. Eine Software ähnelt praktisch einer juristischen Person, wie eine AG oder eine GmbH [32].

Wenn unternehmerische Entscheidungen an den Algorithmus delegiert werden, müssen vorher die Sicherheit und Haftungsfragen geklärt sein. Vorbild könnten Regelungen aus der Finanzwelt – konkret: dem Wertpapierhandelsgesetz – sein. Dort ist der algorithmisch gesteuerte Handel mit Finanzinstrumenten geregelt. Vorgeschrieben sind Notfallvorkehrungen für Störungsfälle und Maßnahmen gegen Missbrauch [33].

Ausblick: Artificial Retail Intelligence (ARI) 6

„Prognosen sind eine schwierige Sache. Vor allem, wenn sie die Zukunft betreffen." So richtig das berühmte Bonmot von Mark Twain ist, so notwendig ist es für die Verantwortlichen, die zukünftige Entwicklung von Künstlicher Intelligenz im Handel abzuschätzen. Dies vor allem deshalb, weil richtungsweisende Entscheidungen in Hinblick auf Ausrichtung und Investitionen jetzt notwendig sind und ein ruhiges Abwarten der Entwicklungen wahrscheinlich die Wettbewerbsfähigkeit reduzieren wird.

In diesem Buch wird KI als Instrument vorgestellt, das dazu dienen soll, die Dienstleistung „Handel" attraktiver, effizienter und einfacher zu gestalten. Gleichzeitig ist KI in diesem Kontext eine logische nächste Stufe des Metatrends Digitalisierung. Die Zukunft von KI in der Branche kann also nur mit dem Blick auf die Gesamtentwicklung der Digitalisierung im Handel, häufig auch begrifflich gefasst als Handel 4.0, bewertet werden.

Eine einfache Vorhersage ist, dass es Gewinner und Verlierer der Digitalisierung im Handel geben wird. Denn die Digitalisierung hat unter anderem eine Machtverschiebung zum Konsumenten bewirkt und wird die Geschäftsmodelle sowie die Branche weiter verändern. Es ist daher davon auszugehen, dass nur Händler, die darauf adäquat reagieren, sich langfristig im Wettbewerb durchsetzen können.

Bereits jetzt wird deutlich, dass sich eine dreifache Konvergenz abzeichnet. Die erste Konvergenz ist das Zusammenwachsen der eher getrennten und nebeneinanderstehenden Bereiche Handel und E-Commerce. Während stationäre Unternehmen zunehmend den Internet-Handel ausbauen, eröffnen immer mehr reine Online-Händler stationäre Geschäfte. Die fortschreitende Umsetzung von Omni-Channel-Konzepten hat dazu geführt, dass nahezu jeder große und mittlere klassische Händler E-Commerce-Abteilungen aufgebaut hat. Große Handelsunternehmen werden in Zukunft immer stärker aus einem Konglomerat

© Springer Fachmedien Wiesbaden GmbH, ein Teil von Springer Nature 2018   23
R. Gläß, *Künstliche Intelligenz im Handel 1 – Überblick*, essentials,
https://doi.org/10.1007/978-3-658-23803-2_6

von unterschiedlichen Laden-Konzepten bzw. Kanälen bestehen. Sie werden neben klassischen stationären Stores, eigene E-Commerce-Shops haben und je nach Konzept und Markenstärke auf Online-Marktplätzen präsent sein. Ihre IT werden diese Handelsunternehmen dementsprechend in einer konzernweiten, internen Plattformstruktur organisieren, die alle Anforderungen entsprechend abbilden kann. Durch eine effiziente Plattform, die auf einer standardisierten Technologie beruht, sind betriebswirtschaftlich effiziente, multiplizierbare Angebote möglich, die gleichzeitig ein schnelles Reagieren auf regionale Besonderheiten und Herausforderungen gestatten. Es ist daher zu erwarten, dass echte Omni-Channel-Händler eine integrierte Strategie umsetzen, die einerseits auf einer Standardisierung der eingesetzten Technologien und andererseits auf der Individualisierung des Auftritts der einzelnen Handelsformate beruht [35].

Der zweite Bereich, in dem eine zunehmende Konvergenz zu erkennen ist, betrifft den Handel und Vertrieb aller Branchen von der Industrie bis zur Verwaltung. Es zeigt sich bereits jetzt, dass Hersteller neben einer indirekten Vertriebsstruktur mehr und mehr auf die Direktvermarktung und den direkten Kundenkontakt setzen. Dies ist vor allem in E-Commerce-Bereich zu beobachten, in dem große Markenartikler immer mehr dazu übergehen, die Zwischenhändler auszuschalten, um ihre Produkte im direkten Kundenkontakt zu vertreiben. Dieser Trend betrifft letztendlich aber auch den stationären Handel, in dem immer mehr Monomarkenshops der Hersteller entstehen werden.

Auch als Folge dieser Entwicklung ist ein dritter Konvergenztrend zu beobachten, der darauf basiert, dass Produktion und Handel stärker zusammenwachsen. In der Folge bauen klassische Handelsunternehmen ihre Eigenmarkenproduktion aus oder setzen stärker auf Exklusivmarken, die nur von ihnen vertrieben werden. Dieser Trend wird in Zukunft durch Individualisierungsangebote verstärkt, z. B. dann wenn der 3D-Druck es Handelsunternehmen ermöglichen wird, selbst vor Ort in der Filiale auf Kundenwunsch zu produzieren. Die beiden letzten beschriebenen Konvergenztrends werden dazu führen, dass der Wettbewerb im Handel sich weiter verschärft und dass alle Beteiligten darauf auch mit den entsprechenden Technologien zur Umsetzung ihrer jeweiligen Konzepte reagieren müssen.

Alle drei Konvergenz-Szenarien bedeuten auf jeden Fall eine Erweiterung der Wertschöpfungskette des Handels. Daraus resultiert eine Fülle von Prozessen, die umgesetzt werden müssen. Dazu gehören unter anderem: Bestellung und Bezahlung (Ordering & Payment), Ausführung und Auslieferung (Fulfillment & Delivery), Management der Kundenkommunikation (Communication Channels) und der Kundenkontakte (Touchpoints). Für viele dieser Prozesse gibt es bereits jetzt Einzellösungen, die häufig jedoch Inseln in der IT-Landschaft der Händler und Hersteller sind, die mit großen Aufwänden verknüpft werden müssen. Langfristig werden alle Beteiligten auf Plattformlösungen setzen müssen, um die Aufwände beherrschbar zu halten und schnell und flexibel auf neue Anforderungen zu reagieren.

Die durch die beschriebenen Konvergenzprozesse weiter stark wachsende Masse an relevanten Daten, die Notwendigkeit in Echtzeit die richtigen Entscheidungen zu treffen und die Anforderungen an Individualisierung und Personalisierungen verlangen in Zukunft immer stärker nach dem Einsatz von Künstlicher Intelligenz. Es ist davon auszugehen, dass KI zahlreiche smarte datengestützte Assistenzfunktionen entlang der weiterentwickelten und der neuen Wertschöpfungsketten des Handels übernehmen wird. Smarte Künstliche Intelligenz steht dabei vor allem für drei Hauptthemen:

1) Echtzeit KI: In diesem Bereich geht es um KI-basierte Algorithmen, die in der Lage sind, in Echtzeit große Datenmengen verarbeiten. Sofortige Ergebnisse werden in Zukunft immer stärker eine Notwendigkeit, z. B. um Angebote an Kunden direkt zu adressieren.

2) Lernende Systeme: Der Unterschied von KI im Gegensatz zu regelbasierten Algorithmen ist die Lernfähigkeit (Machine Learning), also die Fähigkeit, richtige und falsche Entscheidungen zu erkennen und das zukünftige Verhalten der Maschine darauf auszurichten. Lernfähigkeit ist z. B. eine Voraussetzung für echte Individualisierung, die sich nicht auf ähnliche Gruppen, sondern auf einzelne Konsumenten bezieht.

3) Vorhersagequalität: Selbstlernende Algorithmen werden die Qualität zukunftsgerichteter Aussagen deutlich erhöhen. Sie werden darüber hinaus viel mehr Faktoren in ihre Analysen einfließen lassen können, als es aktuelle Prognosesysteme tun können. Gleichzeitig werden KI-basierte Lösungen sofort auf Änderungen von Parametern reagieren können und damit bessere Entscheidungsgrundlagen schaffen.

Es ist gegenwärtig davon auszugehen, dass KI für Handelsunternehmen den höchsten Nutzen im Bereich der Kundenbindung erzielen wird. Eher nachrangig scheint zurzeit der Einsatz von KI zur Effizienzsteigerung zu bewerten zu sein. Beim Einsatz von KI zur Kundenbindung haben sich bislang drei Bereiche herauskristallisiert, auf denen der Fokus der Händler liegt. Dies sind 1) die Voraussage der Nachfrage, 2) die Steuerung der Nachfrage und 3) die Verbesserung des Einkaufserlebnisses.

Die KI-basierte Voraussage der Nachfrage 1) dient dazu, Produktion und Logistik so zu optimieren, dass ein höherer Kundennutzen entsteht. Gerade im Bereich der Kundenbindung stehen die zentralen Einflussfaktoren als Datengrundlage nahezu perfekt zur Verfügung. Dazu gehören zum Beispiel alle Daten rund um den Kunden, wie Alter, Kaufhistorie oder Klickverhalten, die Daten zum regional-lokalen sowie zum digital-sozialen Umfeld aber auch allgemeine Informationen zu Feiertagen, Wetter, etc. Diese Datenquellen zu nutzen und in Echtzeit zu Mehrwert-Services zu verdichten, muss eine neue Fähigkeit von Handelsunternehmen werden.

Die Nachfrage-Steuerung 2) durch KI findet heute im Wesentlichen im Bereich der Empfehlungen (Recommendations) statt. Dabei geht der Trend weg von einfachen Empfehlungen, was andere Kunden auch gekauft haben, hin zu individualisierten Angeboten, die in Echtzeit ausgespielt werden. Smarte KI-Algorithmen ermitteln dazu aus den Kunden- und Bestelldaten sofort, was zum jeweiligen Kunden und zu seiner aktuellen Produktauswahl am besten passt. Auch die Hebung von Cross- und Up-Selling-Potenzialen wird zunehmend durch KI unterstützt. Dazu werden smarte KI-Assistenten immer stärker auf vielfältige Sensor-Daten, Kundenhistorien und -profile sowie aktuelle Warenkörbe zugreifen. Auch das Verkaufspersonal im Store wird in Zukunft durch digitale Assistenten unterstützt, die z. B. Bestandteil KI-gestützter Clienteling-Lösungen sein werden. Dabei werden diese digitalen Assistenten nicht nur vollständig auf Daten aus den E-Commerce-Stores zugreifen, sondern aus einer Fülle weiterer Informationen schöpfen können. Im Idealfall können die Verkäufer dann in der persönlichen Beratung an die Wurzeln des Handels anknüpfen, als im Laden an der Ecke der Händler jeden Einzelnen seiner Kunden noch persönlich kannte.

Zu erwarten ist, dass Künstliche Intelligenz insbesondere auch zur Verbesserung des Einkaufserlebnisses eingesetzt wird. So wird sich z. B. über Mustererkennung anonymisiert feststellen lassen, welche Kunden im Laden Beratung suchen. Ein anderer Fall wäre die Optimierung der Produktauswahl und -präsentation basierend auf der intelligenten Analyse der zur Verfügung stehenden Massendaten. Es ist außerdem davon auszugehen, dass Sensoren zu einer der besten Datenquellen des Handels werden. Parallel dazu wird sich die Mustererkennung permanent weiter verbessern. Damit wird es möglich sein, Objekte, Handlungen und Abläufe anonymisiert oder je nach Zielstellung auch individualisiert zu analysieren. So könnten z. B. KI-Algorithmen aus Bewegungs- und POS-Daten vorhersagen, wann die Schlangen an den Kassen zu lang werden und damit ein Frühwarnsystem auslösen, um rechtzeitig die nächste Kasse zu öffnen. Dies ist nur ein Beispiel für die vielen „Muster", die von KI-Algorithmen automatisch erkannt werden können und auf denen basierend neue Kundenservices und ein besseres Einkaufserlebnis möglich sind.

Ein weiteres Zukunftsszenario sind „Voice activated shelfs", also Regale, die mit den Kunden in natürlicher Sprache kommunizieren können und so das Einkaufserlebnis verbessern. Dann könnten Kunden zum Beispiel am Samstagmorgen im Baumarkt mit einem einfachen „Hallo Regal" einen Dialog beginnen und direkt nach hilfreichen Services fragen. Die Grundlage dafür sind KI-basierte Chatbots, die gesprochene Sprache verstehen und über die richtigen Antworten verfügen. „Conversional assisted Commerce" wird neue digitale Assistenten im Store schaffen und den bereits jetzt gut funktionierenden Heimanwendungen wie Alexa, Google und Siri zur Seite stellen. Nicht zuletzt werden Social-Media-Kanäle und KI-Assistenten in eine immer engere Beziehung geraten. Social Commerce wird das Omni-Channel-Szenario erweitern und Kanäle wie Facebook, Instagram, Snapchat oder WhatsApp integrieren. Die hier beschriebenen und weiteren neuen Entwicklungen werden sich dabei überlagern und dazu führen, dass z. B. Conversional Commerce und Social Commerce immer stärker konvergieren. Die daraus entstehende Menge und Komplexität der Daten kann voraussichtlich nur durch Künstliche Intelligenz gemanagt werden.

Der Blick in die Zukunft muss am Ende der Reise ein Schlaglicht auf kommende Generationen werfen. Selbst wenn die Generation Z heute noch keine große Kaufkraft hat, wird sich dies in den kommenden Jahren rapide ändern. Damit werden Käuferschichten heranwachsen, die mit modernen Technologien sozialisiert worden sind und in ihrem Kaufverhalten und ihren Erwartungen dem Handel ganz anders entgegentreten. Auch daraus ergibt sich, dass die Bedeutung von Künstlicher Intelligenz für die Geschäftsmodelle im Handel in Zukunft so umfangreich und spezifisch sein wird, dass ein eigener Technologiebereich „Artificial Retail Intelligence" notwendig ist.

Zusammenfassung und Fazit 7

Wir erleben gegenwärtig eine Beschleunigung der Umbrüche im Handel, die seit dem Aufstieg des E-Commerce die Branche in Atem halten. Mit der Umsetzung von durchgängigen Omni-Channel-Konzepten versuchen die stationären Händler dem harten Wettbewerb der Online-Plattformen wirksam zu begegnen. Das bedeutet gleichzeitig, dass die klassischen Entscheidungen, die der Einzelhändler zu Sortiment, Standort und Preis früher nur für ein Geschäft treffen musste, jetzt für jeden Verkaufskanal und in letzter Konsequenz sogar für jeden Kunden notwendig sein werden. Das bedeutet, die ohnehin schon hohe Komplexität der Welt des modernen Handels wird weiter ansteigen. Letztendlich ist davon auszugehen, dass diese Komplexität nur durch einen gleichzeitig steigenden Automatisierungsgrad von Prozessen und Entscheidungen sicher zu beherrschen ist. Gerade deshalb ist die Handelsbranche prädestiniert für den Einsatz von Künstlicher Intelligenz, die immer dann besonders wirkungsvoll zum Einsatz kommt, wenn hohe Komplexität auf große Datenmengen trifft. Um im harten Wettbewerb bestehen zu können, stehen für die Handelsbranche deshalb jetzt strategische Technologieentscheidungen auf der Tagesordnung, um nicht den Anschluss an den Wettbewerb zu verlieren, der nicht nur aus dem E-Commerce erwächst. Letztendlich stehen alle Händler jetzt vor Entscheidungen über die richtige Reihenfolge der Einführung neuer Technologien und über das richtige Schrittmaß dabei.

Es besteht kein Zweifel daran, dass Künstliche Intelligenz den Handel dabei unterstützen wird, die Komplexität datengetriebener Omni-Channel-Prozesse durch Prozessautomatisierung besser zu beherrschen. Dadurch wird sie klare Mehrwerte sowohl für die Konsumenten als auch für Handelsunternehmen schaffen. Künstliche Intelligenz hilft dem Handel dadurch, die nächste Stufe der Digitalisierung zu erreichen. Denn selbstlernende Systeme werden die Branche

© Springer Fachmedien Wiesbaden GmbH, ein Teil von Springer Nature 2018 29
R. Gläß, *Künstliche Intelligenz im Handel 1 – Überblick*, essentials,
https://doi.org/10.1007/978-3-658-23803-2_7

in einem Ausmaß verändern, das heute noch nicht abzusehen ist. Dies liegt auch daran, dass die Entwicklung der Branche immer stärker nicht vom technologisch Machbaren, sondern vom Konsumverhalten der Verbraucher, von ihren Wünschen und Anforderungen getrieben wird. Die seit geraumer Zeit voranschreitende Digitalisierung im Handel wird sich in ihrer Endkonsequenz als eine evolutionäre Entwicklung mit revolutionärem Ausmaß beschreiben lassen und der Einsatz von Künstlicher Intelligenz wird in hohem Maße dazu beitragen.

Wenn Rechenergebnisse die Entscheidungsfindung beeinflussen oder Algorithmen direkt zu Entscheidern werden, müssen die Anforderungen an die entsprechende Technologie hoch sein. Denn falsche Vorhersagen führen nicht nur zu Unzufriedenheit bei den Kunden, sondern können auch bedeutende finanzielle Folgen haben. Handelsunternehmen sollten beim Einsatz von KI deshalb auf erfahrene Technologiepartner mit dem entsprechenden Know-how setzen. Letztendlich hängt von der Qualität der Vorhersagen die Akzeptanz der Technologie ab, sowohl bei den Verbrauchern als auch bei den Mitarbeitern der Handelsunternehmen. Dabei sind individuelle, auf den jeweiligen Händler zugeschnittene Ergebnisse wichtig. Wenn Algorithmen für jeden Händler zu dem gleichen Ergebnis führen, wird er am Ende austauschbar und es wird für ihn schwierig, sich von den großen E-Commerce-Plattformen zu differenzieren. Künstliche Intelligenz bietet dem Handel, der durch die Digitalisierung einen Teil seines Wissensvorsprunges gegenüber dem Verbraucher verloren hat, neue Möglichkeiten sich zu positionieren, sei es durch qualitativ hochwertige Dienstleistungen oder personalisierte Angebote, die von herkömmlichen Systemen nicht erstellt werden können.

Bei Einsatz von KI ist immer zu bedenken, dass die Algorithmen Verbraucher auch diskriminieren können, wenn ihre Logik und ihre Datenbasis bewusst oder unbewusst nicht wertfrei sind. Formeln sind letztendlich immer nur so neutral oder voreingenommen, wie man sie „füttert" oder „trainiert". Auch die Mustererkennung wird immer nur so gut sein können, wie das zugrunde liegende Datenmodell und -Material. Es ist daher von hoher Wichtigkeit, dass Handelsunternehmen und Dienstleister die technologische Fähigkeit besitzen, KI-basierte Ergebnisse so transparent darzustellen, dass nachvollziehbar ist, wie das System Entscheidungen berechnet. Dies muss auch im Interesse der Sicherheit und in Bezug auf mögliche Haftungsfragen eine Anforderung an die Qualität von KI-Lösungen sein.

Im weltweiten Wettstreit der Standorte um die technologische Kompetenz hinsichtlich des Zukunftstrends KI scheinen die globalen E-Commerce-Konzerne oder Plattformen wie Amazon, Ali Baba oder Google bei Anwendung und Investitionen derzeit tonangebend. Jenseits des Hypes um Stores ohne Kassen, selbstfahrende Autos oder Lieferdrohnen setzen die Händler in Deutschland und Europa ebenfalls erfolgreich digitale Transformationsprozesse um, an denen KI bereits jetzt einen nicht unbedeutenden Anteil hat. Dabei zeigt sich, dass Künstliche Intelligenz in der Regel nicht linear wächst, sondern exponentiell. Wir erleben einen Markt im Umbruch und neben den großen Budgets der großen Player werden vor allem auch Ideen und geschickte Umsetzungen zum Erklimmen der jeweils nächsten Stufe auf der Entwicklung Künstlicher Intelligenz führen. Wie immer haben in einer solchen Umbruchphase auch Neustarter und Aufholer gute Chancen ihren Anteil am Markt zu erlangen.

Bezug nehmend auf die vielen Beispiele und Überlegungen in diesem Buch ist die Empfehlung an Handelsunternehmen eindeutig. Ohne eine umfassende Digitalisierung aller relevanten Prozesse wird es schwierig, langfristig im Wettbewerb zu bestehen. Der Einsatz von Künstlicher Intelligenz wird dabei ein integraler Bestandteil der Digitalisierung sein. Natürlich wird KI nicht die Kernkompetenzen guter Händler ersetzen können, diese müssen in Zukunft vielmehr das Beste aus beiden Welten verbinden. Die fundierte und freundliche Beratung und Kaufempfehlung in einem stationären Geschäft in dem die Kunden gern einkaufen mit dem zeit- und ortsunabhängig möglichen Kauf in der Online-Welt. Es geht nicht darum, Menschen einfach durch Algorithmen zu ersetzen, sondern es geht darum, dass lernende Software stereotype Aufgaben übernimmt und zum effizienten Assistenten des Verbrauchers und des Mitarbeiters wird. Auch in einer digitalen Welt ist das klassische Ladenkonzept unersetzbar, denn die Nachfrage nach kompetenter, individueller und freundlicher Beratung beim Händler des Vertrauens wird auch durch den verstärkten Einsatz von Künstlicher Intelligenz mit Sicherheit nicht verschwinden. Handel ist immer auch das Einkaufserlebnis vor Ort. Künstliche Intelligenz kann nur der Assistent sein, der den Händler beim Kontakt zu seinen Kunden effizient unterstützt.

Was Sie aus diesem *essential* mitnehmen können

- Eine Einschätzung, warum und wo in Ihrem Handelsunternehmen oder bei welchen Handelsprozessen der Einsatz von KI sinnvoll sein kann.
- Hintergründe, warum gerade die komplexen Omni-Channel-Prozesse der Handelsbranche geeignet sind, mit KI steuerbar zu bleiben.
- Eine Managementperspektive, dass KI Entscheidungshilfen für das Management liefern kann sowie einen Ausblick in die Zukunft „Artificial Retail Intelligence".

© Springer Fachmedien Wiesbaden GmbH, ein Teil von Springer Nature 2018
R. Gläß, *Künstliche Intelligenz im Handel 1 – Überblick*, essentials,
https://doi.org/10.1007/978-3-658-23803-2

Literatur

1. Gläß, Rainer, Leukert, Bernd (2016) Herausforderungen für und Chancen der Digitalisierung von Handelsunternehmen, in: Gläß, Rainer, Leukert, Bernd Handel 4.0: Die Digitalisierung des Handels. Strategien, Technologien, Transformation (2016) Springer, Heidelberg, S. 193–212.
2. Gläß, Rainer: „Retail Digital Disrupted", Vortrag auf der Bitkom Digital Konferenz am 17.05.2018, Berlin
3. Gillich, Stephan, Pomper, Axel (2018) KI von der Anwendung bis ins Rechenzentrum, in: Funkschau 8, und eigene Schätzungen
4. Der Ansatz dazu ist „Automatic Process Verification". Ein Softwareprogramm prüft Vorgänge im Unternehmen automatisiert auf Rechtskonformität und Compliance. Eingegeben werden die Änderungen der Rechtsvorschriften, siehe: Xu, Dr. Lai, Boese, Stephan, Kasse, John Paul, GK-EU Forschungsprojekt „Virtual Factories" https://www.h2020first.eu, Lai Xu lxu@bournemouth.ac.uk
5. Appel, Ralph (2018) in: Marx, Uwe. Künstliche Intelligenz macht der Industrie Beine, in: FAZ 28.04.2018
6. Weißenberger, Barbara (2018) Es geht um Wahrheit nicht um Mehrheit, in: FAZ 12.05.2018
7. Kolbrück, Olaf (2017) Wie Künstliche Intelligenz den Handel verändert – und zwar heute schon, in: etailment 22.06.2017, https://etailment.de/news/stories/Kuenstliche%20intelligenz%20handel-20575, zugegriffen 07.08.2018
8. McKinsey, Unternehmensberatung https://brpconsulting.com/2017-unified-commerce-survey/ BRP Consult Beckmann Ruppert & Partner GmbH, zitiert nach: Kolbrück, Olaf (2017) Wie Künstliche Intelligenz den Handel verändert – und zwar heute schon, in: FAZ, 22.05.2017
9. Berg, Achim (2018) Vortrag Bitkom-Mitgliederversammlung am 26.06.2018, Berlin
10. Weber, Matthias Weber (2018) KI verändert die Wirtschaft. Künstliche Intelligenz hat Einsatzzwecke von Preisoptimierung bis zu Chatbots, in: Lebensmittelzeitung (LZ), 23.02.2018, 08–18, Schwerpunkt Retail Technologie
11. Rode, Jörg (2018) Neue Werkzeuge für eine neue Zeit. Digitalisierung verändert den Anspruch an Handels-IT. Smartphones und Künstliche Intelligenz helfen beim Stationären Geschäft, in: Lebensmittelzeitung (LZ), 23.02.2018, 08–18, Schwerpunkt Retail Technologie

© Springer Fachmedien Wiesbaden GmbH, ein Teil von Springer Nature 2018
R. Gläß, *Künstliche Intelligenz im Handel 1 – Überblick*, essentials,
https://doi.org/10.1007/978-3-658-23803-2

12. Bitkom (Bundesverband Informationswirtschaft, Telekommunikation und neue Medien e.V.), DFKI (Deutsches Forschungszentrum für Künstliche Intelligenz) (2017) Künstliche Intelligenz – Wirtschaftliche Bedeutung, gesellschaftliche Herausforderungen, menschliche Verantwortung, Berlin und Kaiserslautern

13. Karger, Reinhard (2010) Rede zur Buchvorstellung und Lesung Heinz' Life – Kleine Geschichte des Kommens und Gehens des Computers" mit Autor Lutz Heuser, im DFKI Saarbrücken

14. Schulze-Berge. Christoph; Plette, Rüdiger (2017) „Künstliche Intelligenz – Die nächste Evolutionsstufe der Digitalen Transformation", eBook, Covis GmbH, Düsseldorf.

15. Weiteren Begriffsklärungen: Künstliche Intelligenz: www.itwissen.info/Kuenstliche-Intelligenz-KI-artificial-intelligence-AI.html; Machine Learning: www.itwissen. info/Machine-Learning-machine-learning-ML.html; Deep Learning: www.itwissen. info/Deep-Learning-deep-learning.html; Neuronales Netz: www.itwissen.info/Neuronales-Netz-artificial-neural-network-ANN.html; Suchalgorithmus: www.itwissen. info/Suchalgorithmus-search-algorithm.html

16. Jeffries, Stuart, Why too much choice is stressing us out, in Guardian, https://www. theguardian.com/lifeandstyle/2015/oct/21/choice-stressing-us-out-dating-partners-monopolies

17. Mashable Daily, Video: "Google's AI Assistant Can Now Make Real Phone Calls", https://www.youtube.com/watch?v=JvbHu_bVa_g

18. Accenture, 2018 Accenture digital customer survey, in: https://www.accenture.com/ t20180108T141652Z__w__/us-en/_acnmedia/PDF-9/Accenture-2018-Digital-Consumer-Survey-Findings.pdf#zoom=50

19. Walker, Jeffrey Sales robots are coming to a retailer near you, http://www.monitis. com/blog/sales-robots-are-coming-to-a-retailer-near-you/

20. driverless-future.com, Forecasts, http://www.driverless-future.com/?page_id=384

21. Becker, Jörg, Schütte, Reinhard (2004) Handelsinformationssysteme, Augsburg

22. Gillich, Stephan, Pomper, Axel (2018) KI von der Anwendung bis ins Rechenzentrum, in: Funkschau 8, 2018

23. Jansen, Johan (2018) Zalando ersetzt Mitarbeiter durch Algorithmen, in: FAZ, 09.03.2018

24. Rubrik Spektrum, (2018), in: Finanz Informatik, ITmagazin 01-2018, Mehr Jobs und steigende Umsätze durch Künstliche Intelligenz, und: Schreiber, Achim (2018), Neue Studie von Capgemini: Viele Unternehmen setzen bei Künstlicher Intelligenz auf komplexe Anwendungsfälle und vergeben dadurch Chancen, https://www.capgemini.com/at-de/news/kuenstliche-intelligenz-sorgt-fuer-mehr-jobs-und-steigende-umsaetze/

25. Fieten, Robert (2018), Rezension, Plattformökonomie, in: FAZ, 30.04.2018, Buch: MeAfee, Andrew, Brynjolfsson, Erik (2017) Machine, Platform, Crowd. Hernssing our digital future, New York

26. Ries, Stefan (2018) Künstliche Intelligenz bringt die Menschlichkeit zurück, in: FAZ, 24.04.2018

27. Böttcher, Sarah (2018) KI im Unternehmen: das Für und Wider. Schaden- und Haftungsfragen bei KI, in: Security Insider, 23.03.2018, https://www.security-insider. de/mehr-transparenz-bei-kuenstlicher-intelligenz-a-710154/?cmp=nl-36&uuid=0D-1C27D0-33FB-4DE8-AA1B06C24FC3AEE1

28. Handelsverband Deutschland, HDE: „Was fordert der Verbraucherschutz?", in: Handel 4.0, Ausgabe 6: „Algorithmische Entscheidungen und Künstliche Intelligenz im Handel", HDE e.V., www.einzelhandel.de/handel40

29. Halm, Sebastian (2018) Geschäftsschädigende Algorithmen, in: ibusiness, Ausgabe 02/2018

30. Welchering, Peter (2018) Die mangelnde Intelligenz Künstlicher Intelligenz, in: FAZ 13.05.2018

31. Weißenberger, Barbara (2018) Es geht um Wahrheit – nicht um Mehrheit, in: FAZ 12.05.2018

32. Widuwilt, Hendrik (2018) Eine Roboter-Flotte vor Gericht. Wer haftet, wenn KI das Steuer übernimmt und sich selbst weiter entwickelt? in: FAZ, 5.4.2018

33. Möslein, Florian (2018), in: Widuwilt, Hendrik (2018) Eine Roboter-Flotte vor Gericht. Wer haftet, wenn KI das Steuer übernimmt und sich selbst weiter entwickelt? in: FAZ, 5.4.2018

34. Gläß, Rainer (2018) Retail Digital Disrupted, Vortrag auf der Bitkom Digital Retail Konferenz am 17.05.2018, Berlin

35. Harder, August (2016) Omni-Channel und Modularisierung bei Coop. Format- und kanalübergreifender Handel und Digitalisierung, in: Gläß, Rainer, Leukert, Bernd Handel 4.0: Die Digitalisierung des Handels. Strategien, Technologien, Transformation (2016) Springer, Heidelberg, S. 235–252